Ikonen anschauen

Zuweilen sagt man: „Ikonen sind Fenster zum Himmel". Man muß mit einer solchen Aussage vorsichtig sein; denn Ikonen sind gerade Fenster zu unserer Welt. Wenn ich gut nach Ikonen schaue, dann sehe ich die Welt wie in einem Spiegel, und so sind Ikonen entstanden.

Im frühen Christentum ist man Bildern gegenüber sehr vorsichtig gewesen, doch hat man das urmenschliche Bedürfnis, sich Personen vorzustellen, die man liebt, nicht verdrängen können. Gefühl und Liebe waren stärker als der Verstand. Die Christen begannen schon bald diejenigen darzustellen, die sie liebten und verehrten: Christus, Maria und die Heiligen. Ferner wuchs das Interesse für das irdische Leben Jesu. Man beschäftigte sich eingehender mit den einzelnen Geschehnissen und Orten des Lebens Jesu und stellte diese im Bild dar. In Bildern konnte man sehr gut etwas von Gottes heiligem und verborgenem Handeln am Menschen und der Welt aufscheinen lassen. Farben, Gold und Silber boten hier Möglichkeiten, die das Wort nicht hat. Durch die Kirche wurde die Formsprache der Ikonenkunst theologisch untermauert. Wenn Gott als Mensch erschienen ist, dann mußte sich das auch auf menschliche Weise, d. h. sichtbar darstellen lassen.

Nicht so bedeutsam ist, wer die einzelne Ikone gemalt hat. Der Ikonenmaler drückt in Farbe und Formen das religiöse Erleben der Gemeinschaft aus, ihren Glauben, ihre Hoffnung, ihre Errettung. Ikonen sind daher zunächst nicht Kunstwerke, sondern „Liturgie", Werk des gläubigen Gottesvolkes. Sie haben daher auch eine wesentliche Funktion im Gottesdienst. So können auch wir Ikonen anschauen, nicht in erster Linie als kunstvolle Bilder aus der Vergangenheit, sondern als Ausdruck unseres Glaubens. In den Ikonen entdecken wir unsere Welt mit ihren Problemen, ihren Leiden, ihrer Angst und Furcht, ihrer Folter und Unterdrückung. Aber wir sehen auch durch sie hindurch, wir gewahren Hoffnung ... Wir sehen Menschen, die tiefer schauten, die es wagten, hoffend auszuharren durch allen Schmerz und alle Verzweiflung hindurch. Wie die vierzig Soldaten auf dem See von Sebaste (vgl. S. 9), die Opfer der Willkür eines Kaisers geworden waren. Weil sie geglaubt hatten, wurden sie diskriminiert und ausgeschaltet ... wie so viele in unseren Tagen auch, in El Salvador, in Polen, in Südafrika und auch bei uns, ganz in unserer Nähe ... Aber diese heiligen Martyrer hielten aus, sie wärmten sich aneinander, sie richteten sich gegenseitig durch den Glauben auf ... Und so konnte sie keine Macht der Welt bezwingen.

So wollen wir die Ikonen betrachten. Als Spiegel unserer Welt, aus dem uns Hoffnung und Glauben entgegenstrahlen. Als Spiegel auch für unser gläubiges Handeln.

In unserer Zeit fühlen sich viele Christen bedrängt, die Partei der Armen zu ergreifen. Mit welchem Recht tun sie es? Das Büchlein möchte Christen helfen, auf diese Frage eine Antwort zu finden.

Dr. Johan Meijer CSsR

Wasser ist göttlich

„Komm, menschenfreundlicher Herr, und mache dieses Wasser zum Wasser des Lebens durch die Befruchtung des Heiligen Geistes ... denn Du bist unser Gott, der Du durch Wasser und Geist unsere Natur erneuerst."

(Aus der Liturgie der Großen Wasserweihe am 6. Januar)

Wir nennen das Fest am 6. Januar Heilige Drei Könige. Für die Christen des Ostens steht die Epiphanie, die Erscheinung des Herrn, im Vordergrund. Es ist das Fest, das Gottes Liebe zum Menschen sehen und *fühlen* läßt: in einem Menschen, in Begeisterung, in einer Welt, die strahlt ...
Wasser ist Symbol für das Erscheinen Gottes. Es klingt materialistisch, aber wie viele Menschen, die schmutziges Wasser trinken oder die stundenlang laufen müssen für eine Konservendose frisches Wasser, werden nicht aus tiefstem Herzen bekennen, daß Wasser „Leben" bedeutet: Wasser ist etwas Herrliches, Wasser ist „göttlich".
Das sehen wir auf dieser Ikone.
Jesus steht im Wasser. Er „füllt" das Wasser. Die Berge neigen sich Ihm zu. Engel, Boten Gottes, dienen Ihm (Mt 4,11). Die Engel haben die Hände verhüllt, aus Ehrfurcht, zugleich halten sie Handtücher bereit, um Jesus, wenn Er aus dem Jordan steigt, abzutrocknen. Johannes legt „bebend" die Hand auf Jesu Haupt. Es ist, als ob der Jordan vor Ehrfurcht nicht mehr zu strömen wagt: Gottes Geist erscheint über Jesus und das Wasser wird „heilig".
Fortan ist der Jordan Symbol für das Erscheinen Gottes. Aber nicht nur der Jordan, sondern alles: Wasser, Feuer, Korn, Öl, Brot, Wein, die Natur, die ganze Welt ... ist „göttlich".
Man kann durch sie hindurch Gott schauen ... wenn man nur zu schauen versteht.
Deshalb feiert der Osten das Fest der Erscheinung Gottes mit Wasser, mit der großen Weihe des Wassers: Gott begegnet man nur in der Welt.
Sollte uns das nicht veranlassen, noch viel behutsamer mit dieser Welt umzugehen? Für uns und die anderen – denn diese Welt ist der Ort, wo Gott sich finden läßt, wenn nur der Mensch sich aufmacht und Ausschau hält. Unsere Pflicht aber ist, dafür zu sorgen, daß diese Welt auch weiterhin ein Ort bleibt, wo man Ihn sehen *kann*.
Diese Welt muß ein guter Ort für alle bleiben. Vielleicht fängt das schon damit an, daß wir Brunnen graben, damit jeder gutes Wasser zu trinken bekommt.

Ikone aus der Ikonostase in der Hauptkirche des Klosters Stavronikita auf dem Berg Athos (Griechenland), gemalt von Theophanes von Kreta (1546): Ikone vom Fest der Taufe Jesu im Jordan. Johannes der Täufer schaut auf zum Heiligen Geist, der in Gestalt einer Taube herniederschwebt. Engel „dienen Ihm". Das Wasser ist voll Leben. Fische sind im Überfluß vorhanden, der Jordan ist rechts unten im Bild symbolisch dargestellt als Mensch, der auf einem Fisch reitet.

Auch diese Ikone ist wie die vorige 1546 von Theophanes von Kreta für die Ikonostase der Klosterkirche Stavronikita gemalt worden. Es ist die Ikone für das Fest „Darstellung des Herrn im Tempel", 2. Februar. „Maria und Josef brachten das Kind nach Jerusalem hinauf, um es dem Herrn zu weihen, wie im Gesetz des Herrn geschrieben steht: Jede männliche Erstgeburt soll dem Herrn geweiht sein. Auch wollten sie ihr Opfer darbringen, wie es das Gesetz des Herrn vorschrieb: ein Paar Turteltauben oder zwei junge Tauben." (Lk. 2, 22–24). Sie trafen dort die Prophetin Hanna. Auf der Rolle in ihrer Hand steht: „Dieses Kind hält Himmel und Erde instand." Simeon nimmt das Kind auf seine Arme: „Meine Augen haben Dein Heil geschaut" (Lk. 2, 30).

Hände voll Hoffnung

„Freue dich, rechtschaffener Simeon. Auf deinen Armen trägst du unseren Befreier, Ihn, der uns Hoffnung auf Leben schenkt." *(Aus der Liturgie vom 2. Februar)*

Obwohl die Ikone viele Personen zeigt, im Hintergrund mit Gebäuden gefüllt ist, obwohl sie in bunten Farben gemalt ist, was alles die unmittelbare Aufmerksamkeit auf sich zieht, ist doch das Kind auf den Armen des greisen Simeon ganz deutlich der Mittelpunkt des Bildes.
Und doch ist es nicht in der Mitte dargestellt. Von dieser Ikone geht eine Stimmung großer Behutsamkeit aus. Simeon hält Jesus wie ein schwaches, zartes Vöglein. Maria streckt ängstlich ihre Hände aus, – der alte Mann könnte das Kind fallen lassen.
Und doch ist das Kind das einzige auf der Ikone, das die Atmosphäre der Ehrfurcht und Behutsamkeit durchbricht. Es sitzt aufrecht und streckt seine Hände nach seiner Mutter aus. Das Kind spricht uns von Hoffnung und Vertrauen. Hoffnung für die Menschen, wie die Liturgie singt: „Es schenkt uns Hoffnung auf Leben". Wer den Menschen Hoffnung schenkt, der handelt wie Er. Hoffnung schenken, das bedeutet, den Tod zu überwinden, jeden Tag, Unterdrückung, Krankheit und Armut ... Den Tod überwinden wir, indem wir Aussicht auf Leben schenken, und das heißt, daß wir den Hungernden zu essen geben, denen, die vertrieben und heimatlos sind, ein Haus bauen, wo sie wohnen können.
Handeln wie Er bedeutet, die Hände der Hilfesuchenden zu ergreifen, Menschen, die getrennt sind, aufeinander einzustimmen, daß einer auf den anderen wieder hört, daß sich die Menschen wieder einander zukehren, einander annehmen ... So tun wie Er, das heißt, nach innen gehen, dem Geist eine Chance geben. Die Augen schließen, um aus dem inneren Reichtum schöpfen zu können, es wagen, prophetisch zu sein ...
Aber, paß auf, dieser Tempel, diese Kirche, mit dem Evangeliar auf dem Altar – wie es in den orthodoxen Kirchen üblich ist – steht mitten in der Stadt, mitten im Leben.
Aussicht auf Leben.
Voll Vertrauen, die Hände voll Hoffnung, so schwach, so zart, wie das Kind auf den Armen von Simeon.

Eine griechische Ikone, sie stammt aus dem 16. Jahrhundert. Es ist die Ikone für das Fest der 40 Martyrer von Sebaste. Unter Kaiser Licinius – um 320 – wurden 40 Soldaten festgenommen, weil sie sich öffentlich zum Christentum bekannt hatten. Standhaft weigerten sie sich, ihrem Glauben abzuschwören und den Götzen zu opfern. Sie wurden verurteilt, eine Nacht lang nackt in Winterkälte auf einem zugefrorenen See zu stehen. Der See liegt bei Sebaste in Armenien. Als sie am nächsten Tag noch lebten, brach man ihnen die Beine und verbrannte sie bei lebendigem Leib. Einer von ihnen hielt das Martyrium nicht durch. An seine Stelle trat einer der Bewacher. Ein junger Mann wurde von seiner Mutter ermuntert, sich den Verurteilten anzuschließen. Er tat es und ging mit den verurteilten Soldaten in den Tod.

Zusammen ausharren

„... und die heiligen Martyrer sagten zueinander: Es sind nicht unsere Kleider, die wir ablegen, vielmehr legen wir den alten Menschen ab. Zwar ist die Kälte bitter, doch was uns erwartet, das ist süß. Schrecklich ist die Eiseskälte, doch die Befreiung, sie wird herrlich sein. Laßt uns ein wenig nur ausharren, um von Christus, unserm Gott und Retter die Siegeskrone zu empfangen."

(Aus der Liturgie des Festes der 40 Martyrer von Sebaste am 9. März)

Die Gestalten sind beinahe einander völlig gleich. An den Bärten und an der Farbe ihrer Haare läßt sich erkennen, daß sie verschieden alt sind. 40 verschiedene Menschen, sie wachsen durch das Zeugnis für Christus zur Gruppe, zur Einheit, zusammen.
Dieses schlichte Bild spiegelt die Situation von heute wider.
Sie stehen auf dem Eis, sie rücken näher zusammen, sie können einander im Glauben erwärmen. Wenn das geschieht, vermag man viel. Die Kluft zwischen den Generationen verliert dann ihre Bedeutung. Was früher als trennend erschien, wird nun unbedeutend und hinfällig. Der alte Mann stützt sich auf die Schultern des Jünglings neben ihm. Nur so kann man einer kalten, unpersönlichen Welt widerstehen... selbst wenn hier kaum ein Grashalm wächst.
Sich erwärmen am Glauben und an der Begeisterung des andern, wird dadurch auch die Kirche nicht wieder anziehender? Und der junge Mann, der aus dem Kreis der 40 Verurteilten flieht, in ein Haus, aus dessen Schornstein verführerisch Rauch aufsteigt, flieht er nicht in die Kälte der Einsamkeit des Alleingelassenseins? Das Glaubenszeugnis der 40 ist mächtig, so mächtig, daß es einen der Bewacher in ihren Kreis zieht, er kann nicht als Zuschauer unbeteiligt dabeistehen. So wirft er seinen Mantel ab und steigt mutig zu den andern in das eiskalte Wasser. Und die Mutter fordert ihren Sohn auf: „Komm, mein tapferer Junge, schließ dich diesen Helden an, die dir dieses Beispiel gaben." Das steht auf dem Spruchband in ihrer Hand. Eine Bildgeschichte für unsere Zeit.
Zusammen ausharren!
Der eiskalte See kann auch eine naßkalte Wiese sein, vielleicht beim „Schnellen Brüter" in Kalkar. Man würde weglaufen, wenn die anderen nicht da wären. Zusammen aber glaubt man an den Frieden und steht gemeinsam für ihn ein. Oder er heißt Macatu in Brasilien. Gemeinsam glaubten die Bauern von Macatu an Gerechtigkeit, und deshalb ließen sie sich von ihrem Pachtland nicht verjagen.
An die andern glauben, mit ihnen glauben, das wärmt und gibt Kraft!

Die Ikone befindet sich in der Ikonenwand der Hauptkirche des Stavronikitaklosters auf dem Berg Athos. Gemalt haben sie die Gebrüder Simeon und Neophytos zusammen mit ihrem Vater Theofanes im Jahre 1546.
Es handelt sich um die Festikone von Ostern. Sie stellt im Bild den Artikel des Glaubensbekenntnisses dar: Hinabgestiegen in das Reich des Todes. Christus reicht Adam die Hand und zieht ihn heraus. Und rechts und links von ihm Eva und viele Heilige des Alten Bundes: David, Salomon und Johannes der Täufer. Die Türen zum Totenreich sind aufgebrochen, die Gräber sind geöffnet. Nägel und Riegel sind beiseite geworfen. In der Grabesspalte sehen wir zwei verängstigte Figuren, die den Tod und den Herrn der Unterwelt darstellen. Sie sind besiegt von der Macht des auferstandenen Herrn.

Die Auferstehung

„In das Totenreich bist Du hinabgestiegen, mein Erlöser. Du hast seine Türen zertrümmert und als Herr über Leben und Tod hast Du die Verstorbenen auferweckt. Den Stachel des Todes hast Du vernichtet und Adam vom Fluch befreit. O menschenfreundlicher Herr, rette uns!"

(Aus der byzantinischen Sonntagsliturgie).

Ostern, das erste und bedeutendste Fest in der christlichen Tradition. Im Leben der orthodoxen Gläubigen spielt es eine überragende Rolle.
Und doch ... Was sollen wir mit der „Auferstehung". Sie kommt uns so unwirklich vor, widerspricht all unserer Erfahrung. Auf der Ikone geht es eigentlich gar nicht um die Auferstehung, dargestellt ist vielmehr der *Abstieg zur Hölle.*
Demnach bedeutet Auferstehung, es zu wagen, in die Hölle menschlichen Elends hinabzusteigen, sich mit den Geschlagenen solidarisch zu erklären, seine Hände auszustrecken, und ihnen aufzuhelfen.
Auferstehung das heißt: die institutionelle Gewalt beim Namen zu nennen, durch die in unserer Welt Bauern und Bergarbeiter, Apfelsinenpflücker und Kastanienverkäufer, die Arbeiter auf den Zuckerrohrplantagen, die Bewohner der Elendsviertel an den Stadträndern in menschenunwürdigen Verhältnissen gefangen gehalten werden.
Ostern, das Hinabsteigen in die Hölle, um Leben und Hoffnung zu bringen, das geschieht vielleicht auch zu einem Gutteil durch die Arbeit der Organisationen wie u. a. „Amnesty International". Es geht darum, „Türen aus Eisen und Bronze aufzubrechen", wie es die Texte der Liturgie aussprechen, um Adam, dem Menschen, wieder aufzuhelfen. Das ist Auferstehung, sie wird dann auch zu einem „Aufstand" gegen alles, was Menschen fesselt, sie in die Abgründe der Hoffnungslosigkeit verbannt, was den Menschen das Leben nimmt. Die Mächte der Finsternis – Hölle (Hades), Satan, Tyrannei, Juntas, Unterdrücker jeglicher Art werden erzittern.
Dann fliegen Schlösser und Riegel, und die Nägel und Schlüssel zur Seite ...
Ostern heißt: „Befreiung".

Wie die vorherigen, so stammt auch diese Ikone aus der Ikonostase des Stavronikitaklosters. Der Maler ist höchstwahrscheinlich Simeon, der Sohn des Theofanes (1546). Es handelt sich hier um die Ikone zum Fest „Christi Himmelfahrt". „Während sie unverwandt ihm nach zum Himmel schauten, standen plötzlich zwei Männer in weißen Gewändern bei ihnen und sagten: Ihr Männer von Galiläa, was steht ihr da und schaut zum Himmel? Dieser Jesus, der von euch weg in den Himmel aufgenommen wurde, wird ebenso wiederkommen, wie ihr ihn habt hingehen sehen zum Himmel." (Apg. 1, 10f).

Horizontal oder vertikal?

„Du hast uns nicht verlassen ...
Zu uns, die wir Dich lieben,
sagst Du: Ich bin bei euch,
niemand ist gegen euch."

(Aus der Liturgie von Christi Himmelfahrt)

Die Ikone wird von zwei Figuren beherrscht: Christus in der oberen Bildhälfte und Maria in der unteren. Damit ist eine Trennung ausgedrückt, sie scheint die Jünger zu verwirren. Unter den Jüngern schien Panik zu herrschen. Sie zeigen aufeinander, sie deuten nach oben, sie schauen auf Maria. Es bewegt sie die Frage: hier oder oben. Worum geht es?
„Ihr Männer von Galiläa, was steht ihr da und schaut zum Himmel? Dieser Jesus, der von euch weg in den Himmel aufgenommen wurde, wird ebenso wiederkommen, wie ihr ihn habt hingehen sehen zum Himmel." Die einzige Person, die es begriffen hat, ist Maria. Sie steht da in großer Ruhe, in scheinbarem Kontrast zu den unruhigen Gestalten der Apostel. Sie strahlt Frieden aus, „sie hat alles in ihrem Herzen bewahrt" (Lk. 2, 51), sie ist in Gebet und Betrachtung gesammelt und gefaßt. Sie weiß, daß er gesagt hat: „Ich bin bei euch ...", nicht wie eine angsteinflößende Erscheinung oder wie eine bloße Erinnerung, er ist mitten unter ihnen. Und wiederum scheint sie den Aposteln und Jüngern zu sagen: „Tut, was Er euch sagt" (Jo. 2, 5).
Verkündet den Völkern bis ans Ende der Welt Gottes Anwesenheit ...
Bringt den Frieden ...
Die Olivenbäume haben im Bild ihre eigene Botschaft. Sie sind eine Brücke zwischen dem Oben und dem Unten: Ein Olivenbaum, Symbol des Friedens, der Hoffnung, der Zukunft – aber verwurzelt im Boden von heute. Das hat sie verstanden. Petrus verweist auf sie: Sie ist das Bild für die Kirche, unter Christus gestellt, hörend auf ihn und auf einander...
In diese Ikone müssen wir hineingehen, uns unter die Apostel stellen, dann verschwindet vielleicht unsere panische Unruhe, ... bekommt dann Friede nicht eine Chance?

Auch diese Ikone hat Simeon, der Sohn des Theofanes aus Kreta gemalt. Zu dritt haben sie im Jahre 1546 an der Ikonostase des Stavronikitaklosters auf dem Berg Athos gearbeitet. Der dritte war Simeons Bruder.
Die Ikone zeigt die Herabkunft des Heiligen Geistes auf die Apostel. In der Apostelgeschichte heißt es dazu: „Als der Pfingsttag angebrochen war, waren alle an einem Ort beisammen ... Und es erschienen ihnen Zungen wie von Feuer, die sich verteilten: und der Heilige Geist ließ sich auf jeden von ihnen nieder." (Apg. 2, 1–3). Unter dem Raum, wo die Apostel im Halbrund sitzen, erscheint eine Gestalt in königlichem Kleid, die in einem Tuch zwölf Rollen trägt. Diese Gestalt ist eine Personifizierung des Kosmos, des Alls, das bereit ist, die Offenbarung zu empfangen.

Beginne bei dir selbst

> *„Als der Allerhöchste hinabstieg nach Babylon, verwirrte Er die Sprachen und zerstreute die Völker.*
> *Als Er aber die Zungen von Feuer verteilte, rief Er alle zur Einheit.*
> *Laßt uns daher mit einer Stimme den Heiligen Geist verherrlichen."*
>
> *(Aus der Liturgie von Pfingsten)*

Die Zwölf sitzen beieinander. Sie erwecken den Eindruck von Menschen, die zutiefst getroffen sind, die ein Geschehen überwältigt hat.
Da ist auch noch der Auftrag, den sie zu erfüllen haben. Sie sind überfordert. Sie sitzen um den leeren Thron Gottes. Trotzdem ist Er fühlbar anwesend als Feuer.
Sein Platz ist in ihrer Mitte. Unsichtbar ist Er gegenwärtig. „Wo zwei oder drei in meinem Namen beisammen sind, da bin Ich mitten unter ihnen", und „glücklich, die nicht sehen und doch glauben ..." Überwältigt fühlen sie sich durch den Auftrag. In ihren Händen liegt die Frohe Botschaft. Für die Evangelisten sind es die Evangelienbücher, für Paulus die gesammelten Briefe, für die anderen die prophetischen Rollen der Verkündigung.
Die Welt wartet auf sie, der Kosmos ist anwesend, ist bereit, die Verkündigung anzunehmen: Zwölf Rollen liegen auf dem Tuch, das die königliche Gestalt trägt, zwölf Stämme Israels, zwölf Apostel...
Und davon handelt die Ikone. Kirche-Sein bedeutet: Hören, empfangen, überwältigt sein von der Größe des Auftrags, dann aber mutig nach draußen treten, zusammen, einmütig und eines Sinnes.
Kirche-Sein, das bedeutet ein Ja zur Gemeinschaft sagen, Gemeinschaft sein wollen, eine Gemeinschaft, die das Evangelium hört und es lebt in brüderlicher Liebe und es dadurch den andern bezeugt; die andere einlädt, daß sie dieses gelebte Evangelium miterleben.
Jeder tut das auf seine Weise. Viele Gaben gibt es in dieser Gemeinschaft, der eine Geist verbindet alle zur Einheit. Es bleiben Gegensätze. Zwölf sind auf der Ikone abgebildet, Persönlichkeiten, die Individualität zeigen, die gegensätzlicher Meinung sein können. Petrus und Paulus waren sich nicht immer einig (Gal. 2, 11). Kann das nicht ein Trost für die Kirche sein, auch heute? Können wir denn nicht Gemeinschaft sein mit all unseren Gegensätzen?
Die Zwölf stellen keine Auslese dar... Zwölf, ein Symbol für Fülle und Zusammengehörigkeit. Deshalb sind die zwölf abgebildeten Apostel auf der Ikone auch nicht genau die zwölf, die Jesus erwählt hat (Mk 3, 16–19). Zusammen mit ihnen sitzen die Evangelisten Markus und Lukas, und auch Paulus erscheint in diesem Kreis. Drei andere Apostel fallen dafür aus, das macht jedoch nichts... Die Bank, auf der die Verkünder der Frohbotschaft sitzen, setzt sich aus dem Bild heraus zum Betrachter hin fort: auch für uns ist Platz auf dieser Bank!

Kosmas und Damian sind auf dieser russischen Ikone aus dem 19. Jahrhundert dargestellt. Kosmas und Damian sind der Überlieferung nach Ärzte gewesen. Sie tragen den Beinamen die „Uneigennützigen". Es waren Ärzte, die für ihren Dienst kein Geld verlangt haben. Ihr Beispiel hat in der frühen Kirche weitergewirkt. Der östliche Heiligenkalender zählt noch andere Uneigennützige auf: Panteleimon, Hermolaus, Cyrus und Johannes, Julian, Diomedes. Das Fest der Heiligen Kosmas und Damian wird sogar zweimal während des Kirchenjahres gefeiert: am 1. November und am 1. Juli.

Photo: Ikonengalerie Helmut Brenske, Hannover

Geld, ja oder nein?

„Gold und Silber suchten sie nicht in ihrer Treue zum Evangelium.
Den Menschen erwiesen sie ihre Wohltaten.
Mögen sie um ihres Gehorsams willen gegen Christus Fürsprecher für uns sein."

(Aus der Liturgie des Festes)

Kosmas und Damian, zwei bekannte Namen, ein Brüderpaar, sie waren Ärzte. Sie halten die Instrumente ihres Berufes, wie sie damals üblich waren, in der Hand: ein Medizinkästchen. Ihre Größe lag darin, daß sie für ihre Dienste kein Geld verlangten. Daher erhielten sie den Ehrentitel: die „anargyroi", die „Unbezahlten" ... das war auch in der damaligen Zeit etwas Unerhörtes. Solche Uneigennützigkeit wurde als echt christliches Zeugnis angesehen. Nicht süchtig sein nach Geld und Gewinn ... Heute bedeutet das nicht nur, den Mut haben, wenn es sein muß, „gratis" zu arbeiten, um Gottes Lohn, sondern sich auch davor zu hüten: mit der einen Hand zu geben und mit der anderen wieder zu nehmen. Wenn ich so denke, dann kann mir z. B. die jährliche Fastenaktion schrecklich nahe kommen. Kann das nicht auch bedeuten, daß wir als Kirche von Deutschland in unserer Umgebung für eine Veränderung der Handelsbeziehungen zwischen den Völkern plädieren müßten?
Dann sind die „Multis" nicht mehr nur Namen aus Zeitungen, die mich nichts angehen, dann bin ich vielleicht mitverantwortlich an dem, was sie tun und wie sie es tun. Bedeutet das nicht auch: Ich muß meinen Lebensstil ändern, ich kann nicht nur in den Kategorien von Nutzen und Gewinn denken und mich dann mit einem Almosen loskaufen.
Der Ehrentitel der heiligen Brüder in unsere Zeit übersetzt würde vielleicht lauten: Für die, die meine Hilfe brauchen, da zu sein, ohne nach Gewinn und Nutzen zu fragen.
Die Güter der Welt sind nicht nur für uns da, sie gehören allen. Wenn die beiden uns aus der Ikone ansehen, dann ist es mit einer Selbstverständlichkeit, als ob sie nichts Besonderes getan hätten. Sie folgten nur dem Evangelium. Die Christusfigur steht nicht umsonst zwischen ihnen: Den Namen „Christen" trägt man nicht nur so, „gratis"!

Eine griechische Ikone aus dem Jahr 1737. Gemalt hat sie Lambrinos von Smyrna. Sie stellt ein Stück gemaltes Evangelium dar, die Stelle aus dem Johannesevangelium, 15, 1–11: Das Gleichnis vom Weinstock: „Ich bin der wahre Weinstock und mein Vater ist der Winzer ... Ich bin der Weinstock, ihr seid die Reben.“ Das wurde zu den Aposteln gesagt, und so sitzen sie auf den Zweigen des Weinstocks, dort, wo sonst die Trauben hängen.

Einheit in fruchtbarer Verschiedenheit

„Heilige Apostel, ihr seid die Reben des Weinstocks, der (das) Leben schenkt. Ihr habt Frucht getragen und euch selbst Gott geweiht. Er nannte euch seine Freunde. Daher bittet Ihn, daß Er uns Frieden schenke."

(Aus der byzantinischen Vesper zum Donnerstag)

„Ich bin der Weinstock, ihr seid die Reben." Die Jünger haben es verstanden, sie weisen auf Ihn.
Sie hören auf Ihn. Erklang nicht deshalb die Stimme bei der Taufe im Jordan, als der Geist auf Ihn herniederkam? Wir sehen die Wolke, wir sehen die Taube ... Wir hören die Stimme von oben: „Du bist mein geliebter Sohn, an Dir habe ich Gefallen gefunden." (Mk. 1, 11) und auf dem Berg der Verklärung, wieder die Stimme aus der Wolke: „Dies ist mein geliebter Sohn, an dem ich Gefallen gefunden habe: auf Ihn sollt ihr hören!" (Mt. 17, 5).
Jeder sitzt auf einem eigenen Zweig. Und dann schwärmen sie aus: die Schriftrollen der Verkündigung in ihren Händen deuten darauf hin. Sie gründen Kirchen, jeder in eigener Verantwortung, jeder mit der ihm eigenen Begabung und Begeisterung. Sie haben sich nicht voneinander gekehrt, sie sind einander zugewandt, sie bleiben miteinander im Gespräch, sie tauschen gegenseitig Erfahrungen aus, der eine Herr hat sie gesandt, von Ihm gehen sie aus.
Beachtenswert ist noch, wie der Herr mit beiden Händen zugleich segnet: Er gibt keinem den Vorzug. Und Petrus? Er hat eine gute Übersicht links oben, man erkennt ihn mit den Schlüsseln in der Hand, doch auch er nimmt keine zentrale Stellung ein. Nur wer in Ihm bleibt, erhält durch Ihn die Kraft von oben.
Es ist auch etwas Vorläufiges in dem Ganzen. Die Apostel haben keine Hütten oder Paläste gebaut, sie sitzen auf einem Zweig. Und wenn man hinunter will, dann kommt man an dem einen Stamm herunter, und man begegnet wieder den andern. Man darf auch nicht umgekehrt, von einander abgewandt sitzen: Jeder hat den andern nötig.
Wenn du dich vom andern abwendest, wenn du gar die Bindung zum andern zerstörst, wenn du deinen eigenen Weg gehen willst, dann sitzt du auch mit dem Rücken zu Christus. Nur wenn die Reben mit Ihm, und damit auch untereinander verbunden bleiben, tragen sie Frucht (Jo. 15, 15).

Die Ikone stammt aus der zweiten Hälfte des 18. Jahrhunderts und wurde in Weißrußland gemalt. Es ist die Ikone vom Fest „Der Erhöhung des kostbaren und lebenspendenden Kreuzes" (14. September).

Nach der alten Überlieferung fand Kaiserin Helena auf dem Berg Golgotha Jesu Kreuz wieder. Makarius, der Bischof von Jerusalem, stellte danach das Kreuz feierlich zur Verehrung aus. Im siebten Jahrhundert eroberten die Perser Jerusalem und nahmen das Kreuz als Kriegsbeute mit. Als Kaiser Heraclius im Jahre 628 die Perser besiegte, fand er bei ihnen die Kreuzesreliquie und brachte sie feierlich nach Jerusalem zurück. Auf der Ikone ist nur die Erhebung des Kreuzes durch Bischof Makarius dargestellt. Manche Ikonen zeigen beide Ereignisse auf einer Bildtafel.

Eine Waffe des Friedens

„Du bist freiwillig am Kreuz erhöht worden, Christus, unser Gott. Erweise Deine Barmherzigkeit an dieser Gemeinde, die Deinen Namen trägt. Schenk uns die Freude des Sieges, denn Du kämpfst mit uns. Deine Waffe ist der Friede, Dein Siegeszeichen das heilige Kreuz."

(Aus der Liturgie vom 14. September)

Kreuzerhöhung – mischen sich in dieses Fest nicht falsche Töne, wenn es in den liturgischen Texten heißt: Das Kreuz siegt über die Feinde und wörtlich heißt es in einem liturgischen Gesang: „Du schenkst unserm Kaiser den Sieg über alle Barbaren."
Wird das Kreuz hier nicht zu einer politischen Waffe, wenn wir in diesem Zusammenhang auch noch daran denken, daß es russische Kirchen gibt, deren Kuppeln mit Kreuzen geschmückt sind, die sich aus einem Halbmond erheben: Das Kreuz hat den Islam besiegt ... Mit den Konquistadoren und Entdeckungsreisenden zogen Missionare, das Kreuz in der Hand. Sie gaben den eroberten Ländern oft sehr religiöse Namen: Corpus Christi, San Salvador (Heiliger Erlöser), Sao Paolo, Santa Cruz (Heilig Kreuz), San Francisco ...
Wir haben aufs Ganze gesehen keinen Grund mehr zum Triumphalismus. Die Hagia Sophia wurde zur Moschee, nicht nur in Konstantinopel, Kreuze wurden auch in unserm Land von den Wänden genommen und aus den öffentlichen Räumen verbannt.
Hat das Kreuz seine Macht verloren?
Ja, weg mit dem Kreuz als Symbol der Macht und Vorherrschaft. „Deine Waffe ist der Friede, Dein Siegeszeichen das heilige Kreuz."
Nicht Macht und Herrschaft über Menschen. Das Kreuz sagt uns, daß gerade der Geknechtete siegen wird und der Machtlose erhöht wird. *Das* ist das Kreuz: Das Marterwerkzeug eines Gefangenen wird erhöht, und von ihm sagen wir, daß es Leben schenkt. Und während wir das Bild betrachten, verwandelt es sich. Wir sehen Menschen, Geknechtete und Unterdrückte. Sie stammen dann aus Südafrika, Nicaragua, El Salvador, sind türkische Christen, heißen z. B. Oscar Romero. Das Kreuz ragt auf, es ist zu einem Zeichen der Hoffnung geworden: „Venceremos", wir werden siegen, denn unsere Waffe ist der Friede.
So kann man Kreuzerhöhung auch sehen, das Kreuz wird unter den Leidenden dieser Welt als Zeichen der Hoffnung erhöht. Über alle Mauern der Uneinigkeit, der Trennung und der Vorurteile.

Diese Ikone stammt aus dem 15. Jahrhundert, aus der Schule von Novgorod. Das Thema des Bildes geht auf zwei Legenden zurück. Die erste erzählt, im 10. Jahrhundert sei die christliche Gemeinde von Konstantinopel voller Angst in die Kirche zusammengekommen, um Mariens Schutz zu erflehen, denn der Feind hatte die Stadt umzingelt und hielt sie belagert. In einer Vision sahen zwei Mönche, wie Maria ihren Schleier schützend über die Stadt ausbreitete.

Die andere Legende berichtet, wie im 6. Jahrhundert der Diakon Romanos der Melode (Sänger) mit Hilfe der Gottesmutter zum Schöpfer der großen Marienhymnen der Ostkirche wurde. Der Akathistos-Hymnus, ein Werk des Romanos, besingt auch Mariens Schutz für die Stadt Konstantinopel.

Das Fest Mariä Schutz wird am 1. Oktober gefeiert.

Beten oder arbeiten

„Freu dich, du unerschütterlicher Turm der Kirche.
Freu dich, uneinnehmbare Festung des Gottesreiches,
freu dich, denn durch dich wird der Feind vertrieben,
freu dich, du Heilung meines Leibes,
freu dich, Erlösung meiner Seele.
Freu dich, Braut und Jungfrau."

(Aus dem Akathistos-Hymnus)

„An dich, Befreierin aus der Not, ein frohes Befreiungslied. Ich, deine Stadt, weihe dir ein Danklied, o Mutter Gottes." (Akathistos-Hymnus). Um einen solchen Text ohne Vorbehalt sprechen zu können, müßte man in Südamerika leben, oder aus Polen stammen.
„Maria, Königin von Polen" steht es in meterhohen Buchstaben am Kloster von Tschenstochau, dem Nationalheiligtum Polens. Ist es ein politisches Heiligtum, Symbol eines freien Polens? Wer hat hier wirklich das Sagen? Ein Ort, wo man einander findet, wo man Kraft schöpft, um gegen einen gemeinsamen Gegner gewappnet zu sein, wo man einander im Glauben schützt. So floh das Volk von Konstantinopel in seiner Angst in die Kathedrale. Das massive Steingebäude bot ihnen mehr Schutz als ihre kleinen Holzhäuser. Das Gotteshaus wurde so zum Abbild des Schutzes: Maria wird uns beschützen ...
Als die beiden Mönche Andreas, der Narr in Christo, und sein Schüler Epifanius, im Gedränge, das in der Kathedrale herrscht, sehen, wie Maria erscheint, und wie sie ihren Schleier über die Gläubigen ausbreitet, und als sie von dieser Himmelserscheinung den Anwesenden berichten, da fassen alle Mut. Und es gelingt ihnen, den Angriff der Feinde abzuwehren. Die Stadt ist gerettet. Das Wunder geschah durch sie, die Menschen: Religion ist kein Beruhigungsmittel, sie ist vielmehr Inspiration zum Handeln. Glauben und Handeln, Beten und Arbeiten sind keine bedenklichen oder gar falschen Gegensätze ... Deshalb gehen jedes Jahr Zehntausende von jungen Menschen in Polen Hunderte von Kilometern nach Tschenstochau. Deshalb finden wir immer und überall Menschen in den Marienkapellen, und deshalb sind Wallfahrtsorte wie Kevelaer oder Altötting noch nicht geschlossen, ganz im Gegenteil ...
Deshalb ist Taizé ein Ort der Begegnung, der Hilfe, der Gemeinschaft, ein Ort zum Beten, Singen ... und zum Handeln.

Es handelt sich bei diesem Bildnis um eine Miniatur aus dem 10. Jahrhundert, auf der der Prophet Amos dargestellt ist. Der liturgische Kalender der byzantinischen Kirche hat auch Raum für die Heiligen des Alten Bundes. Das Fest des heiligen Propheten Amos wird am 15. Juni gefeiert.

Prophetisches Zeugnis

„Gottes Handeln hast du erfahrbar gemacht, bist strahlendes Vorbild, ein Prophet nach dem Willen des Herrn. Du hast allen die Zukunft enthüllt, daß Mensch und Welt Heilung erfuhren. Amos, als Prophet bist du Gott wohlgefällig gewesen."

(Aus der Liturgie vom 15. Juni)

Wie dieser rauhe Donnerprediger ausgesehen hat, wissen wir nicht. Die christliche Ikonentradition hat ihn gern als einen Propheten nach der Art Johannes des Täufers abgebildet. Ein langer, etwas wilder Bart umgibt das strenge Gesicht. Der Mund ist klein und wirkt verschlossen, scheint nur das Wichtigste sprechen zu wollen. Dieser Mund verkündet aber eine Botschaft, die es auch heute noch wert ist, daß man auf sie hört.

Ein politischer Prophet, der es gewagt hat, Regierungen und Diktaturen anzuprangern, sie würden „den Gerechten für Geld, den Armen für ein paar Schuhe verkaufen; den Geringen wie Staub der Erde zertreten und das Recht der Armen vergewaltigen" (Amos 2, 6–7).

Auf manchen Bildern hält er eine Rolle in seiner Hand: „Wehe denen, die Ausschau halten nach dem Tag Jahwes, denn er ist heute." (Amos 5, 18).

Das prophetische Amt muß auch in der Christenheit unserer Tage lebendig bleiben, das heißt, es muß Menschen geben, die wie Amos eine rassistische Politik als unchristlich brandmarken, ganz gleich, wo man diese Politik antrifft, in Lateinamerika, in Südafrika, oder auch in unserm Land, den Gastarbeitern, den christlichen Syrern aus der Türkei gegenüber.

Dann wird die christliche Botschaft nicht auf ein materielles Wohlbefinden reduziert, vielmehr geht es darum, den ganzen Menschen im gläubigen Blick zu haben.

„Er baut seine Hallen im Himmel und gründet sein Gewölbe auf die Erde; er ruft das Wasser des Meeres und gießt es aus über der Erde – Jahwe ist sein Name." (Amos 9, 6).

Manchmal steht auch dieser Text auf der Rolle, die der Prophet in Händen hält. Jahwe kann man nicht entrinnen. Der Prophet weiß, daß nichts ihn davon abhalten darf, seine prophetische Stimme hören zu lassen (Amos 7, 16), auf die Gefahr hin, sonst untreu zu sein. Und gilt das nicht für jeden Christen?

Die Ikone stammt aus dem 16. Jahrhundert. Gemalt hat sie höchstwahrscheinlich Teophanes von Kreta für die Ikonostase der Hauptkirche des Stavronikitaklosters auf dem Berg Athos. Es handelt sich hier um die traditionelle Weihnachtsdarstellung, mit einer kleinen Abweichung. Auf den meisten Weihnachtsikonen finden wir Maria in liegender Haltung neben der Krippe dargestellt. Auf unserem Bild kniet sie vor der Grotte. Josef sitzt links unten am äußersten Rand des Bildes, er stützt nachdenklich seinen Kopf mit der Hand. Er spricht mit einem alten Mann. Es könnte ein Hirte sein, manche aber deuten ihn als den Propheten Jesaja, der den noch zweifelnden Josef über die wunderbare Geburt aufklärt. Auf der rechten Seite in der unteren Bildhälfte waschen Salome und Eva das Kind: Elemente aus den apokryphen Evangelien, die im Volksglauben weiter fortlebten, auch dann noch, als die Kirche sich von ihnen offiziell distanziert hatte.

Bethlehem ist überall

„Deine Geburt, Christus, Gott, ließ der Welt das Licht der Erkenntnis aufstrahlen. Ein Stern belehrte die Gestirnsverehrer, Dich, die Sonne der Gerechtigkeit anzubeten."

(Tropar von Weihnachten)

Es ist nicht das gewohnte Weihnachtsbild, die Krippendarstellung in unseren Kirchen. Alles ist vorhanden, was zu unseren Krippen gehört, selbst Ochs und Esel fehlen nicht. Aber doch, es ist alles anders.
In einer dunklen Grotte liegt das Kind und die Krippe ähnelt eher einem Sarg. Jesus ist in Tücher gewickelt, die Tücher, die am Ostermorgen Petrus und Johannes im leeren Grab finden werden.
Diese Gedanken sind nicht zu weit hergeholt. Die Weihnachtsliturgie der Ostkirche stellt die Verbindung zur Passion her: „Für uns bist Du geboren aus einer Jungfrau, für uns hast Du den Kreuzestod erlitten, o guter Jesus; durch Deinen Tod hast Du dem Tod die Macht genommen, durch Deine Auferstehung Dich als Gott gezeigt ...". Weihnachten, ein Fest voll Romantik und Frieden? Wie viele Geburten sind Feste des Friedens? Liegt nicht schon oft der Todeskeim sichtbar in ihnen? Welche Zukunft können wir diesen Kindern bieten? Und gibt es nicht heute so viele Mütter, die ihre Kinder in ein Leben ohne Hoffnung, ohne Licht und ohne Liebe legen, in ein Leben, das der dunklen Grotte gleicht, die wie ein Grab aussieht? Durch Gewalt, durch Armut... Und diese dunkle Grotte finden wir überall, überall ist Bethlehem ... Doch dann bricht der Lichtstrahl in das Dunkel und die Tiefe der Höhle: „Ein Volk, das im Finstern wandelte, sah ein großes Licht."
Ist es so verwunderlich, daß Josef ein bißchen ratlos am Rande des Geschehens sitzt? Zu groß ist das Geheimnis... Das Geheimnis überwältigt auch uns, ist viel zu groß für uns, das Geheimnis der Hoffnung. Vor diesem Geheimnis wird man still, wie auch auf dieser Ikone alle Bewegung zur Ruhe gekommen ist.
Und doch geht das Leben weiter ... Das Kind muß gebadet werden. Und wir dürfen nicht aufhören, über dieses Geheimnis nachzusinnen, es weiterzuerzählen. Wir müssen die Hoffnung verkünden, diese Hoffnung, die uns leben läßt...
Auch so ist Bethlehem vielleicht überall!

DER CHRISTLICHE OSTEN

Die Zeitschrift DER CHRISTLICHE OSTEN –

Amtliches Mitteilungsblatt der Catholica Unio Deutschlands, Österreichs und der Schweiz – berichtet alle zwei Monate aus dem Leben der östlichen Kirchen und von den ökumenischen Bemühungen. Sie veröffentlicht in jedem Heft einen liturgischen Kalender des byzantinischen Ritus. Sie bespricht neuerschienene Bücher über den christlichen Osten und Schallplatten mit liturgischen Gesängen der orientalischen Christen. Durch kurze, leichtverständliche Aufsätze wird der Leser in die überaus reiche Welt des östlichen Christentums eingeführt.

Bestellungen sind zu richten an: Catholica Unio Deutschlands, Grabenberg 6, 8700 Würzburg, Telefon (09 31) 5 16 60; Verlagsbuchhandlung DER CHRISTLICHE OSTEN, Grabenberg 6, 8700 Würzburg, Telefon (09 31) 5 12 61, Telefax (09 31) 5 16 52.

Bestellungen aus Österreich können direkt bei der Catholica Unio für Österreich, Kapitelplatz 2, A-5010 Salzburg, erfolgen.

Bestellungen aus der Schweiz können direkt bei der Catholica Unio Schweiz, Löwenstraße 7, Postfach 62 80, CH-6000 Luzern 6, erfolgen.

Bestellungen aus den Niederlanden können beim Apostolaat voor de Oosterse Kerken, Dr. Nuyensstraat 4, NL-5004 JA Tilburg, erfolgen.